서점에 가거나 인터넷을 검색하면 좋은 부모가 되는 양육 서적과 정보는 넘쳐난다. 하지만, 그런 서적과 정보들을 접할 때마다 드는 생각은 "우리 아이는 이렇게 하면 안 될 것 같은데..." "내가 잘못하고 있는 건가?" "도대체 어떻게 해야 하는 거지?" 등의 계속된 물음과 해결되지 않는 문제로 점점 더 지쳐가게 된다. 어떤 부모가 되어야 하는 걸까?

나는 완벽한 엄마가 되고 싶었다. 그런 소망을 하면 할수록 내 삶은 힘겨워졌고, 아이들은 내 바람과는 더 멀어져 갔다. 그러다 상담을 받으며 깨달은 것이 있다. '그냥 괜찮은 부모가 되면 어때서? 완벽한 인간이 없는데 어떻게 완벽한 부모가 될 수 있지? 부모도 한 인간일 뿐인데... 부모도 부모가 처음이잖아. 그냥 괜찮은 엄마 정도만 되기로 하면 어떨까?' 그렇게 조금씩 나의 마음은 편안해졌고, 아이들을 위해 나의 삶을 전적으로 헌신하며 집중하는 삶의 방향을 조정하기 시작했다.

20년 넘게 학원을 운영하면서 참 많은 부모님들을 만났고, 다양한 아이들만큼이나 각기 다른 부모님들을 만나며 그들은 내가 객관적으로 보고 아는 것들을 제대로 알고 있는지 궁금했었다. 상담을 공부하며, 학생과 부모, 가족상담을 하면서 아픔이 대물림되는 것을 보며, 몸부림치고 있는 부모들의 마음에 작은 쉼터 하나를 선물해 주고 싶었다.

짧다고 하면 짧고, 길다고 하면 긴 25년간의 엄마로 사는 삶에서 내가 조심스레 내린 결론은, 내가 행복하고 내가 나를 사랑하는 것만큼 아이들도 행복하고 필요한 만큼 사랑을 줄 수 있다는 것이다. 그런 의미에서 이 책은 나를 더 사랑하고 위로하며, 보듬고 아껴주어, 아이들을 제대로 사랑할 수 있게 해주는 부모 치유와 성장을 담고 있는 책이 아닐까 싶다. 이 세상 모든 부모를 응원하며... 괜찮습니다. 당신이 부모라 참 다행입니다....

CONTENTS

1. 엄마, 나 공부하기 싫어
2. 엄마는 한 번도 야단을 치시지 않았다
3. 우리 애는 누굴 닮아서 이럴까요?
4. 왜 그렇게 잘난 아이들이 많은 걸까?
5. 나는 교만하다
6. 부모도 자녀에게 상처받는다
7. 부모의 사랑도 지극히 이기적이다
8. 내가 할 수 있는 것과 할 수 없는 것
9. 상처를 주고받고, 치유되며 성숙해지는 것
10. 제대로 혼내야 사람 된다
11. 아무런 조건 없이 사랑할 수 있을까?
12. 세상에 믿을 사람 아무도 없다

PART 1

엄마...
나 공부하기 싫어

제가 하나 물어보도록 하죠
누가 인내를 달라고 기도하면...
신은 그 사람에게 인내심을 줄까요?
아니면 인내를 발휘할 수 있는
기회를 주시려 할까요?
용기를 달라고 하면 용기를 주실까요?
아니면 용기를 발휘할 기회를 주실까요?
만일 누군가 가족이 좀 더 가까워지게
해 달라고 기도하면...
하나님이 뿅 하고 묘한 감정이
느껴지도록 할까요?
아니면 서로 사랑할 수 있는
기회를 마련해 주실까요?

영화 에반 올마이티 중에서

에피소드 1

중학교 2학년...

　무시무시한 사춘기는 적어도 내 아이들에게는 안 올 줄 알았다.
하지만 그것은 모든 엄마의 막연한 바람일 뿐...
모든 아이들은 각자의 기질과 성격, 환경의 영향을 받으며
사춘기를 맞는다. 아니 꼭 그래야만 한다.
내 자녀도 각자의 모습대로 나름 극심한 사춘기를 겪었다.
큰 아이는 학교를 안 가거나 공부를 안 하고 방황하는 사춘기로,
둘째는 반항하고 화내고 밖으로 돌며 게임만 하는 사춘기로,
셋째는 아직 어려서 호시탐탐 기회를 엿보는 중이다.
　첫째는 아주 어렸을 때부터 탁월한 언어 지능을 가지고 있었다.
2살이 채 되지 않아 간판을 보면서 한글을 떼었고,
많은 기대를 해도 될 만큼의 탁월한 학습능력을 갖추고 있었다.
하지만 중 1 겨울, 기말고사에서 전체 시험에서 반 개를 틀리고
전교에서 제일 잘했다는 말을 듣고 나서 하는 말.
　"엄마, 나 공부하기 싫어. 열심히 해서 1등 했으니까 이제부터 놀래."
　이제부터 시작인데 무슨 말일까 싶었지만, 나는 알았다.
20년 넘게 학원을 운영하고 수능 만점자부터 공부 포기자까지
수많은 아이들을 가르치고 상담하고 결과를 보아왔기에 내린 결론.
공부는 절대로 억지로 시켜서 만들어지는 것이 아니라는 것을...
　"공부하기 싫어? 그럼 놀아도 돼. 나중에 공부가 하고 싶어지고,
엄마 도움이 필요하면 언제든지 이야기해 줘. 엄마가 기다릴게."

말은 쿨하게 했지만, 얼마 안 가서 공부를 다시 하겠다고 말할 거라는 마음이 반이었고, 딸의 학습능력을 믿기에 언제든지 다시 하면 제대로 잘할 것이라는 마음이 반이었다.

한 달, 일 년, 중학교 졸업, 고등학교 입학, 1학년, 2학년, 그리고 드디어 수험생이 되었다. 그때까지 나는 딸의 성적표를 보지 않았다. 고3 수능시험을 백일 앞두고 나서 딸이 하는 말.

"엄마, 이제 공부 좀 해볼까 해." 이미 수학은 포기상태였고, 아무리 열심히 해도 백 일이라는 시간 안에 아이가 가진 능력을 발휘하기는 무리가 있다는 것을 잘 알았지만 이내 다행이라는 생각이 들었다.

나의 기다림이 포기가 아닌 믿음으로 딸과의 관계는 돈독해졌고, 딸이 자신의 삶을 능동적이고 자발적으로 살아보겠다는 의지를 가지고 자신의 행동에 책임지는 삶을 살기로 한 발짝 다가선 것. 그것만으로도 너무 다행이었고 감사였다.

모든 부모가 자녀가 공부를 잘하면 좋겠다는 마음을 가지고 있다. 하지만 그 바람은 좋은 대학, 좋은 직장을 가지고 부모에게 효도하길 바라는 마음이 아니다. 대부분의 부모는 자녀가 자신의 삶을 건강하고 행복하게, 자발적이고 책임감 있게 독립해서 살아나가길 바란다. 그런데, 부모가 살아보니 인생에서 공부를 잘하는 것이 그런 삶을 살 수 있는 기회를 주고 도움이 된다는 것을 깨닫게 되었다.

반대로 생각해 보자. 우리는 어렸을 때 부모의 말을 듣고 공부를 열심히 해야겠다고 다짐했는가? 아이들에게 아무리 설득해도 소용없다면 공부 때문에 그만 좀 싸워도 되지 않을까?

무조건 참는 것이 최선일까?
언제까지 참을 수 있을까?
참는 것은 고통이 따른다...
그 고통을 줄일 방법을 찾아야 한다.
그러려면 어떻게 해야 할까?

아이러니하게도...
그 고통을 파악하고 직면하는 것부터
시작되어야 한다.
다시 말해,
고통의 상황에서 무엇보다 먼저
자기의 생각과 감정, 행동을 이해하고
인정해주어야 한다.

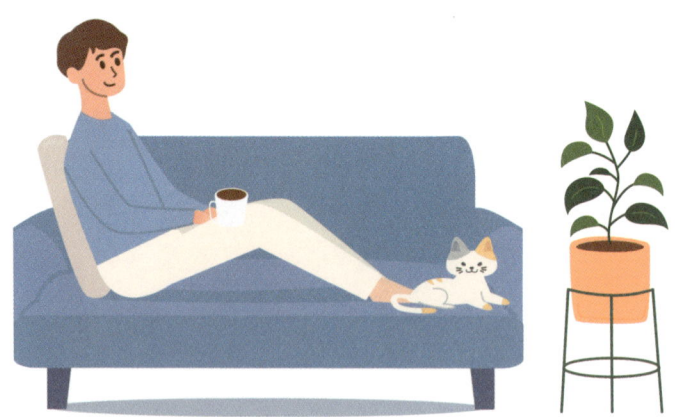

유명한 영화 속 알코올 중독자의 대사가 있다.
술을 먹기 시작해서 아내가 떠난 건지,
아내가 떠나서 술을 먹기 시작한 건지
이젠 나도 모르겠다...
자신의 고통에 직면하지 않고
그것을 피해 선택한 답지는
정답이 아닐 경우가 많다.

생각 바꾸기

생각의 힘은 매우 크다.
생각한 대로 행동하고 그 반복된 행동이
습관이 된다.
결국 생각이 모든 습관의 시작인 것이다.
부정적으로 생각하면 부정적인 말이 나오고
그 말은 전염이 되며 자신을 갉아먹는다.
생각을 바꾸면 인생이 바뀐다!

감정 풀어내기

세상에 나쁜 감정은 없다.
다만 불쾌한 감정이 있을 뿐이다.
그리고 이 불쾌한 감정들은
모든 인간에게 꼭 필요한 감정들이다.
불쾌한 감정이 억압당할수록
마음의 병은 깊어지게 된다.
솔직한 감정을 인정하는 것부터 시작이다.

행동 변화하기

바꿀 수 있는 일이면
바꾸는 데에 온 힘을 다해야 한다.
바꿀 수 없는 일이면
과감하게 포기하거나 물러나도 괜찮다.
도저히 포기할 수 없는 일이나 대상이면
시기와 상황을 기다리고 준비하며 인내하라.
결국, 할 수 있는 것에 초점을 맞추며 살아가라.

생각해보기

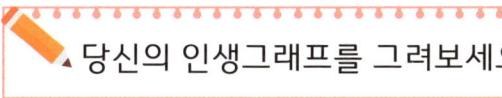 당신의 인생그래프를 그려보세요.

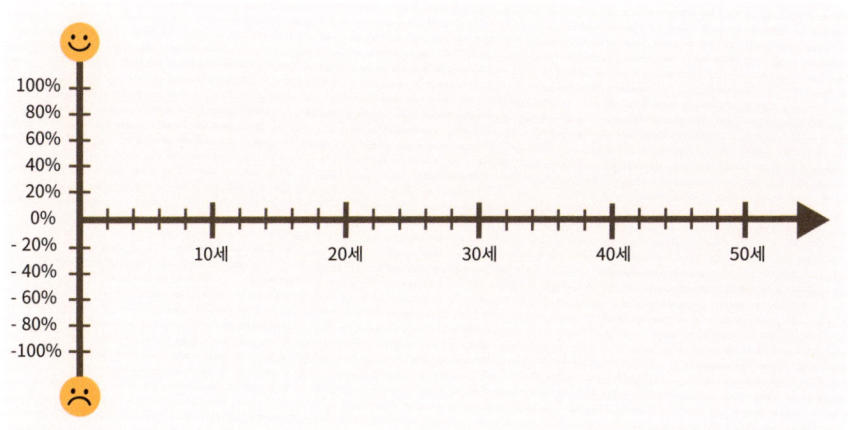

Q. 가장 행복했던 때는?

Q. 가장 힘들었던 때는?

PART 2

엄마는 한 번도 야단을 치시지 않았다

내가 살아가는 동안에
할 일이 또 하나 있지
바람 부는 벌판에 서 있어도
나는 외롭지 않아
그러나 솔잎 하나 떨어지면
눈물 따라 흐르고
우리 타는 가슴 가슴마다
햇살은 다시 떠오르네
영원히 변치 않을
우리들의 사랑으로
어두운 곳에 손을 내밀어
밝혀 주리라

노래 *사랑으로* 중에서

우리 가족은 만날 때마다...

껴안거나 토닥이며 반기는 말로 인사를 하고 헤어질 때도 똑같이 다정하게 안아주거나 쓰다듬으며 인사를 한다. 그건 내가 아주 어렸을 때부터 엄마가 우리에게 해 주신 방식이다.

청소년기에도 엄마는 한결같았다. 아침에 눈을 뜰 때, 일어나기 싫어서 짜증을 부릴 때에도 엄마는 한 번도 야단을 치시지 않았다.

"사랑하는 딸, 피곤하지? 그래도 일어나서 누구보다 씩씩하게 학교 갈 걸 엄마는 알지요." 하시면서 엉덩이를 두드리시거나 다리를 마사지해주시며 깨우셨다. 1년 365일 변함없이 그렇게 해주셨다.

그렇게 시작한 아침은 하루를 기운 나게 해 주었고, 엄마의 다정하고 부드러운 말과 행동은 똑같이 반복되는 힘든 하루를 열심히 살아낼 수 있는 기분 좋은 에너지였다.

나는 엄마에게서 욕을 들어본 적이 없다. 40년 전, 엄마가 자동차 연수를 받으실 때 길에 갑자기 개가 뛰어들어 놀라서 급정거를 한 적이 있다고 한다. 그때 엄마는 그 흔한 욕이나 화를 내는 것 대신, "어머! 얘~ 너 그렇게 하면 다쳐! 다치면 어쩌려고 그래."라며 오히려 개를 걱정하시면서 말했다고 한다. 그러자 옆에서 운전 연수를 시켜주던 선생님이 황당하게 쳐다보셨다는 이야기에 우리 가족들은 역시 우리 엄마답다고 생각했다.

언젠가 그 이유를 물은 적이 있다. "엄마, 엄마는 왜 한 번도 욕을 안 해? 욕을 몰라서 그래? 아니면 외할머니, 외할아버지가 욕을 한 번도 안 하시고 엄마를 키우셨어?" 그러자 엄마가 대답하셨다.

"외할아버지는 욕을 한 번도 안 하셨는데, 외할머니는 항상 욕을 입게 달고 사셨지. 그때 엄마가 다짐했어. 엄마가 엄마가 되면 외할머니처럼 하지 않겠다고. 외할아버지의 점잖고 교양 있는 모습이 엄마는 너무 좋았거든. 그리고 내가 욕을 하면 그 욕을 내가 제일 먼저 듣게 되잖니. 엄마는 욕 듣는 게 너무 싫어서 안 하는 거야."

나는 그 따뜻함을 너무도 당연하게 누리며 자랐다. 다른 엄마들도 똑같이 다 그런 줄 알았다. 하지만 친구들의 엄마들이 많이 다르다는 것을 곧 알 수 있었고, 나도 엄마처럼 다정하고 따뜻한 사람이 되기 위해 의식적으로 노력하며 살게 되었다.

언젠가 아이들에게 물어본 적이 있다. "너는 엄마를 왜 사랑해?" 그 질문에 한 번은 아들이 이렇게 대답해 주었다.

"엄마는 진짜 친절하고 다정하잖아. 화를 낼 일도 화를 내기보다는 자세히 설명해 주니까 엄마를 사랑하지." 그 말을 듣는 순간, 나도 엄마를 많이 닮아있구나…라는 마음이 들며 미소 지어졌다.

부모의 양육태도는 85%는 동일한 형태로 대를 이어 전달되고, 15%는 많은 노력으로 정반대의 형태로 전달된다고 한다. 하지만 그 어느 것도 완벽하지 않다. 대상과 시대, 문화와 가치는 계속해서 변하기 때문이다. 변하지 않는 것이 한 가지 있다. 양육받은 방식과 태도는 의지적인 노력으로 조금씩 성장되고 변화할 수 있다는 것이다.

참된 친절은 무엇일까?
친절은 도움이 필요한 사람에게
도움이 되어야 진짜 친절이다.
친절을 베푸는 사람의 의도와
받는 사람의 필요가 다를 때에는
어떤 마음이 들게 될까?

받는 사람은 부정적인 감정이 올라오거나
간섭이나 참견으로 느껴질 수 있다.
반대로, 베푸는 사람은 거절당했을 때
당혹감을 느끼거나 상처를 받게 된다.
그렇다면 자녀에게는 어떤 친절이 필요할까?

자녀의 자발성과 능동성을 기르기 위해서
부모의 과도한 친절은 독이 될 수 있다.
독립적인 공간을 인정해 주고
사적인 시간을 존중해주어야 한다.
친절은 베푸는 사람의 관점이 아닌
철저히 받는 사람의 필요가 중심이기 때문이다.

다정한 말투로 표현하기

참된 대화는
내가 하고 싶은 말이나 듣고 싶은 말이 아니라
상대가 하고 싶은 말에
주의를 기울이는 것에서 시작한다.
또한, 마음을 담아 다정하게 표현해야 한다.
부모의 정서적 지지는 자녀의 자존감을 키우고
정서지수도 높이는 비결이다.

적절한 물질로 표현하기

사랑한다면
시간과 물질이 아깝지 않다.
사랑의 언어 중에 선물이 있는 것은 놀랍지 않다.
자녀가 정말 원하는 것이 무엇인지 물어보라.
그것이 해롭지 않고, 무리가 되지 않는다면
어떤 행동이나 결과의 대가가 아닌
사랑의 표현으로 은근슬쩍 건네보면 어떨까?

밝은 표정으로 표현하기

인간이 감정을 표현하는 얼굴 표정은
행복을 느끼는 표정은 17가지,
두려움을 나타내는 표정은 3가지,
놀라움은 4가지, 슬픔과 분노는 각각 5개이다.
역겨움이나 혐오감은 모든 나라에서 단 한 가지.
자녀에게 내 얼굴을 그려달라고 해보자.
행복해서 행복한 표정을 짓는 것이 아니라
행복한 표정으로 표현해서 행복해지는 것이다.

생각해보기

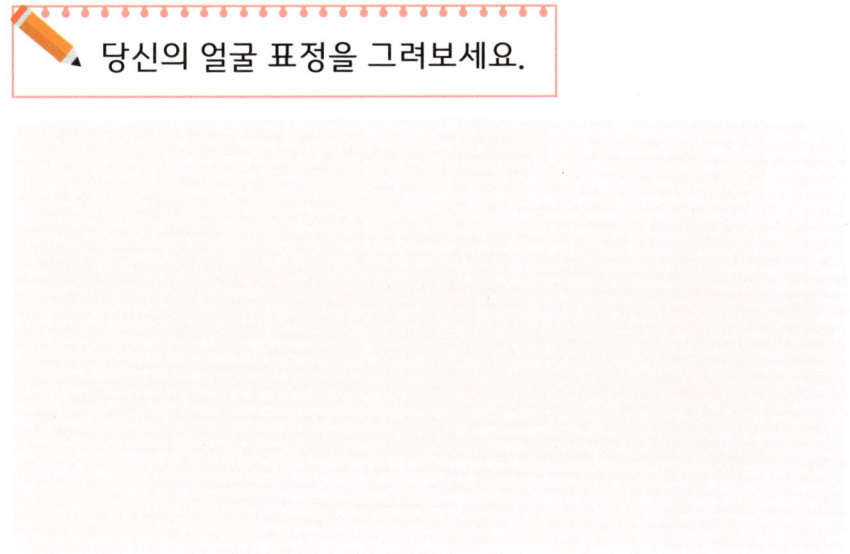
▲ 당신의 얼굴 표정을 그려보세요.

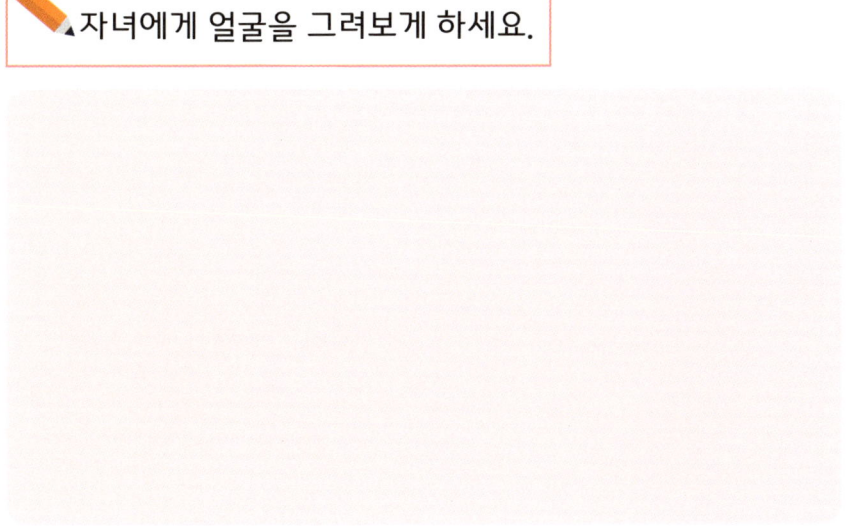
▲ 자녀에게 얼굴을 그려보게 하세요.

PART 3

우리 애는
누굴 닮아서 이런 걸까요?

오랫동안 나는 사자가 말 그대로
밀림의 왕이라고 생각했다.
그런데 사자의 삶도 그리
녹록하지 않다는 걸 얼마 전에야 알게 됐다.
하마의 공격을 받고 내팽개쳐진 사자는
비틀거리며 겨우 버티고 있었다.
사자의 삶도 꽤 힘들어 보였다.
고단한 사자를 보는 데 눈물이 찔끔했다.
내가 그렇게 부러워하던 사자였는데...
사자처럼 되고 싶었는데...
정작 사자는 하루하루를 힘들게 버티며
살아가고 있었다.

책 *자존감 수업 에필로그* 중에서

상담을 하다 보면 부모님들에게 많이 듣는 말 중에...

"우리 애는 누굴 닮아서 이럴까요? 제 주변 친구들 아이들을 보면 다들 잘하는 데 왜 우리 애만 이런 걸까요?" 이 이야기를 들을 때 가슴 한 켠이 시려 온다. 이 말은 곧 "이 아이는 제 아이가 아닌 것 같아요. 공부 잘하고 말 잘 듣는 친구들 자녀들과 바꾸고 싶네요."로 해석될 수 있다. 물론, 부모님들은 그 정도까지의 뜻은 아니라고 펄쩍 뛰겠지만, 그 말을 듣는 아이들에게 물어보면 거의 대부분이 자기 존재의 부정과 비교로 인한 자존감 상실이라고 대답했으니 어느 정도는 맞다고 할 수 있다.

학원을 운영할 때, 어느 학원에 가도 공부를 잘할 수 있는 아이들 위주로 받고, 그런 아이들을 내세우면 영업이 쉽다. 하지만 반대로, 어디를 가도 공부를 잘하게 되지 못하거나 극심한 사춘기로 선생님들 뿐만 아니라 또래들까지 어려움을 겪게 하는 아이들이 있다. 그런 아이들이 학원에 다닌다고 하면, 공부를 나름 잘한다고 생각하는 아이들은 학원 등록을 꺼려한다. 큰 아이는 공부를 안 했어도 그럭저럭 잘했기 때문에 같은 학교 아이들이 왔을 때 영업 모델이 될 수 있었고 비슷한 아이들이 많이 모여서 학원 운영에 도움이 되었다.

하지만 둘째 아들은 공부에 뜻도 의지도 마음도 없었던 아이였기 때문에 우리 아들 이름을 이야기하면 인상을 찌푸리거나 별로 마음에 들지 않는 내색을 하는 아이들이 많았다.

나는 그럴 때 속으로 잠깐 생각했다. "그냥 아들 이야기는 굳이 하지 말까?" 그 생각이 들었을 때, 나는 내 아들보다 내가 가르치고 있는 공부 잘하는 다른 집 아들을 내세우고 싶었고, 또한 말 잘 듣는 그 아이들의 엄마들을 부러워하고 있음을 깨달았다.

사랑은 부러워하는 것이 아니다. 있는 모습 그대로 인정하고, 그 모습 자체를 사랑하는 것이 진정한 사랑이다. 공부를 잘하지 못해도 그림을 잘 그리고, 주어진 규칙이나 원칙을 잘 지키지는 못해도 엉뚱하고 기발한 생각으로 톡톡 튀고, 수학을 싫어해도 운동을 좋아하고, 잘 외우지는 못해도 창의력은 뛰어난 나의 아들. 나를 웃게 만들고, 함께 이 세상에 존재하는 것만으로도 참 고마운 존재.

나의 부족한 모습에도 불구하고 엄마라면 세상 최고로 알고 있는 아이들... 우리 아이들도 이렇게 말할 수 있다. "저희도 능력 있고, 날씬하고, 예쁘고, 세련되고, 멋지고, 요리 잘하고, 돈 잘 벌고, 착하고, 잔소리 안 하고, 쿨하고 누구에게나 자랑하고 싶은 엄마가 제 엄마면 좋겠어요." 우리는 적어도 부족한 엄마로 다른 엄마로 바꿔 달라고 하지 않는 아이들에게 고마움을 표해야 하지 않을까 싶다.

엄마가 나의 엄마라서, 아빠가 나의 아빠라서 참 행복하다는 말을 듣고 싶은가? 우리가 먼저 말해보자. "우리 아들은 누굴 닮았을까? 엄마는 우리 아들이 엄마 아들이라 참 행복해. 엄마 아들로 태어나줘서 고마워. 다시 태어나도 우리 아들 엄마가 되고 싶네. 내 아들 해줄 거지?" 우리가 듣고 싶은 말을 먼저 해주어야 그 말을 그대로 배워서 돌려줄 수 있다는 것을 잊지 말아야 할 것이다.

부러움은 영어로 Envy이다.
이 단어는 부러움, 선망의 뜻을 넘어
시기, 투기, 질투라는 의미도 있다.
지금 내가 가지지 못한 것에 대한
아쉬움의 감정 정도인지. 혹은
파괴적인 감정인지 점검해 보자.

무엇보다도 내가 부러워하고 있는 실체,
그것을 정확하게 알고,
그 마음의 근원을 찾아보는 것이 중요하다.
인정하기 싫지만...
채워지지 못한 결핍과 상대적인 열등감,
낮은 자존감과 불편한 비교의식인 경우가 많다.

결국, 단순한 부러움은
인간으로서 가지는 욕구와 바람으로
얼마든지 언제든지 생겨날 수 있지만...
뿌리 깊은 부러움의 근원 속
부정적인 상처들은
남이 아닌 나로부터 시작해야
극복할 수 있는 것이다.

자존감 높이기

열등감의 반대말은
우월감일까? 아니, 자존감이다!
자신을 있는 모습 그대로 인정하자.
그리고 그 모습 그대로 사랑하자.
나 스스로를 토닥토닥 쓰담쓰담해주며
괜찮다고, 멋있다고, 고맙다고 해주자.
내가 나를 사랑하는 만큼 남도 사랑할 수 있다.

감사하기

누구나 감사할 수 있는 일에는 감사가 쉽다.
감사는 감정이 아닌 의지이다.
그러니까 감사... 에만 머물면 일희일비하게 된다.
그럼에도 감사... 가 되면 상황에 끌려다니지 않는다.
그럴수록 감사... 가 되면 고난과 풍파에도 감사하며,
그것까지 감사... 가 되면 참된 자유를 맛보게 된다.
과연 우리는 어디까지 감사할 수 있는가?

비교하지 말기

인생은 불공평하고 불평등하다.
그럼 어떻게 해야 할까?
내가 갈 길을 바라보며 묵묵히 걸어가자.
누군가의 속도나 방향에 영향을 받겠지만...
그냥 끝까지 내가 나아갈 길에 집중하자.
적어도 누군가가 내 삶을 대신 살아줄 수 없기에
비교하지 말고 따라가지 말고 묵묵히 나아가보자.

생각해보기

 내가 원하는 것을 적어보세요.

- 내가 원하는 부모

- 내가 원하는 자녀

- 내가 원하는 것

 다음을 고민해서 적어보세요.

- 나의 부모가 원하는 자녀

- 나의 자녀가 원하는 부모

- 나의 부모 / 자녀가 원하는 것

PART 4

왜 그렇게 잘난 아이들이 많은걸까?

너에게 묻는다
연탄재 함부로 발로 차지 마라
너는 누구에게 한 번이라도 뜨거운 사람이었느냐
반쯤 깨진 연탄
언젠가는 나도 활활 타오르고 싶을 것이다
나를 끝 닿는 데까지
한 번 밀어붙여 보고 싶은 것이다
타고 왔던 트럭에 실려 다시 돌아가면
연탄, 처음으로 붙여진 나의 이름도
으깨어져 나의 존재도 까마득히 뭉개질 터이니
죽어도 여기서 찬란한 끝장을
한번 보고 싶은 것이다

시 *너에게 묻는다* 중에서

우리 부모님은...

　나름 사회적인 성공을 거두신 분들이다. 그것에 맞게 소위 상류층과 만날 때가 많다. 특정 모임을 다녀오신 후, 유난히 기분이 안 좋으실 때가 있는데, 그때는 조심해야 했다. "이번에 장 사장 아들이 최연소 사법고시 합격했다고 하네." "김 회장 사위가 **그룹 사장이 되었다고 하지?" 당시에는 왜 그렇게 잘난 사람들이 많은지, 그 사람들만 만나고 와서 하는 이야기들이 왜 나를 초라하게 만드는지 몰랐지만, 그 말을 하고 있는 부모님의 심기가 그리 좋지 않은 것은 분명했다.

　그들의 자랑이 그렇지 못한 자녀를 가진 우리 부모님의 열등감을 건드렸고, 그 화살이 그만큼 잘나지 못한 우리에게 향했고 결국 또 다른 열등감을 만든다는 것도 그때는 몰랐다. 누군가의 자랑은 그걸 듣는 사람들의 결핍을 확인시키고 그 확인 자체가 상처가 될 수 있다는 것을 시간이 지나면서 깨닫게 되었다.

　그래서였을까? 나는 학벌이나 재산, 능력이 뛰어나고 굳이 자랑하지 않아도 많은 것을 갖춘 조건이 좋은 남자들이 유난히도 싫었다. 그런 사람들이 주변에 훨씬 더 많았음에도 불구하고 그들의 능력과 재능, 부와 권력이 멋있어 보이기는커녕 나를 초라하게 만들고 불편하게 만드는 것 같았다. 그냥 부모를 잘 만난 운 좋은 철부지라고 치부하고 그 문제가 나로부터 시작되었음을 모른 채 만남과 소개를 무작정 피해 다니기도 했다.

그러다 삶이 고되고 힘들고 어려운 사람들을 만나게 되었을 때 나도 모르는 편안함이 느껴졌다. 그들과는 경쟁할 필요도 없고, 잘난 모습을 보여주기 위해 애써 포장할 필요도 없고, 나의 열등감을 감추기 위해 자랑하거나 잘난 척을 할 필요가 없었다. 나는 부르주아가 아니라 프롤레타리아가 맞다고 아무 생각 없이 떠들고 다녔다. 그리고 소위 금수저였던 나는 흙수저 남편과 결혼하게 되었다.

하지만 그 모든 것이 내가 학벌, 재산, 능력을 필요 없다고 여기거나 그것으로 사람을 평가하는 것이 옳지 않다는 가치 판단 기준으로 연애를 하고 결혼 상대를 고른 것은 아니었다. 오히려 그 반대였다. 나는 타인으로부터 인정받고 내가 그들보다 나음을 확인하고, 내 존재의 중요성을 부각하고 싶었다. 결국 나의 잘남을 확인받고 싶었던 것이었고 그 사실을 깨닫는 데는 생각보다 긴 시간이 필요했다.

어느덧 나이가 들고 철이 들면서, 사람들의 평가와 기준으로부터 어느 정도 자유로워지고 나 자신을 있는 모습 그대로 진정으로 사랑하게 되면서 다른 사람들의 멋짐과 자랑에 박수를 보내주게 되었다. 물론 아직도 가끔은, 자족하고 감사하며 하루하루를 풍요롭고 은혜롭게 살다가도 부족하고 아쉬운 부분들로 속상하고 우울해지기도 한다. 그러나 그것은 일시적인 감정일 뿐 내 존재 자체를 변화시키거나 규정지을 수 없고 그 상황이나 대상을 변화시킬 수도 없다는 것을 너무도 잘 알기에, 불편한 마음은 곧 사라진다.

그렇게 자랑할 것도, 창피할 것도 없는, 명백한 흑백이 아닌 회색이나 그림자의 삶도 수용할 수 있는 자족과 감사가 결국 행복을 가져다주는 것이 아닌가 싶다.

나는 무엇을, 누구를 자랑하고 싶은가?
그리고 그 내용은 무엇인가?
튼튼한 직장과 높은 연봉, SKY대학,
많은 구독자와 댓글들, 강남 아파트,
능력 있는 배우자, 모범생 자녀?
그 대상과 내용은 무궁무진하다.

인간의 욕구는 끝이 없으며
자신이 유독 자랑하고 싶은
특정 대상과 반복되는 내용이 있다.
그렇다면 그 자랑으로 얻는 것은 무엇일까?
타인의 인정과 부러움, 존중과 박수일 수도 있다.

물론, 모든 인간은 긍정적인 자극이 필요하다.
하지만 진정한 자극은
본인이 자신에게 객관적이고 합리적으로
부여할 때 더욱 강력하고 효과적이다.
타인에게 받는 인정과 부러움은
시기, 질투, 열등감을 유발할 수 있기 때문이다.

고난을 자랑하기

살면서 우리는 누구나 고난을 겪는다.
그 고난을 통해 한층 성숙해지고
맷집이 단단해지는 것을 느끼기도 한다.
하지만 고난을 겪을 당시에는 그것을 깨닫기 어렵다.
지금 고난이 현재 진행형이라면...
그것부터 용기 내어 이야기해 보자.
의외로 내어놓았을 때 답이 보이기도 하니까.

상처를 자랑하기

상처는 흔적을 남긴다.
굳은살이 배길 때까지 시간이 필요하다.
녹차 물을 우려내어 보자.
처음에는 진하게, 그다음에는 조금 연하게,
여러 번을 우려내면 녹차 향만 살짝 난다.
상처도 그와 같다.
처음에는 아프지만 계속해서 내어놓으면
어느 순간 감각도 무뎌지고 향도 사라지게 된다.

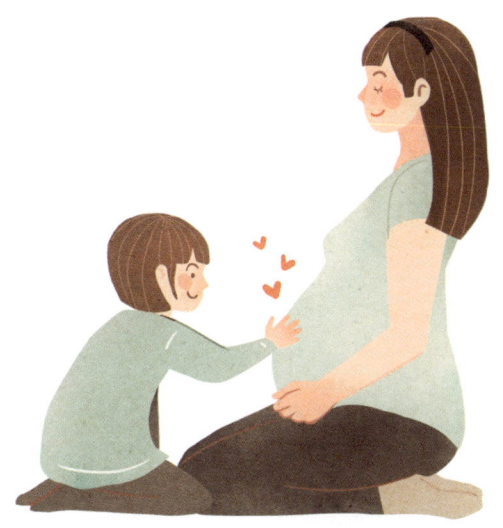

약점을 자랑하기

약점은 잡히지 않기 위해 도망 다닌다.
약점은 들키기 싫어서 거짓말을 하고 포장을 한다.
그런데 그 약점을 인정하고 놓아주면
도망가지도 않고 괴롭히지도 않는다.
용기 있고 겸손한 삶으로 인정받게 도와도 준다.
약점을 약점으로 인정하고 극복하려 노력할 때,
그 약점은 나에게 약이 된다는 것을 잊지 말자.

생각해보기

> ✏️ 내가 자랑했던 것을 적어보세요.

- 10대에 내가 가장 자랑했던 것

- 20대에 내가 가장 자랑했던 것

- 30대에 내가 가장 자랑했던 것

> ✏️ 다음을 고민해서 적어보세요.

- 고난을 통해 얻은 것을 자랑해보자

- 상처를 통해 얻게 된 것을 자랑해보자

- 약점을 통해 얻게 된 것을 자랑해보자

PART 5

나는
교만하다

행운이 네게 미소 짓고
하루하루가 환희와 기쁨으로 가득 차
근심 걱정 없는 날들이 스쳐 갈 때면
세속의 기쁨에 젖어 안식하지 않도록
이 말을 깊이 생각하고 가슴에 품어라
이 또한 지나가리라

지상의 모든 귀한 것들을 네게 가져와
웃음을 선사할 때면
인생에서 가장 오래 지속한 일도,
가장 웅대한 일도 지상에서 잠깐 스쳐가는
한순간에 불과함을 기억하라

시 *이 또한 지나가리라* 중에서

나는 교만하다...

　이 사실을 인정하고 극복하기 위해 지금도 노력하는 중이다. 자존감이 높은 것, 자신감이 있는 것과는 별개로 내가 자라 온 환경이나 배경, 그리고 지금까지 내가 가지고 있는 여러 자원을 그냥 아무 생각 없이 이야기하는 것만으로도 나는 거부감을 불러일으킬 수 있다는 것을 잘 인지하고 있다. 하지만 나는 내가 교만하게 보인다는 것을 넘어 내가 교만하다는 것을 인정한 순간부터 어느 정도 그것에 대한 답을 찾았다고 믿는다. 모든 사람은 각자의 재능과 능력을 갖추고 있으며 그것은 언제나 수직적인 비교를 할 수 없음을 너무도 잘 알기 때문이다.

　고등학교 1학년. 부푼 꿈과 설레는 마음을 안고 고등학생이 된 후 키가 큰 탓에 뒷자리에 앉게 되었고, 자연스레 키가 큰 아이들과 함께 어울리게 되었다. 학기 초에 재미있게 잘 어울려 지내다가 첫 중간고사를 보게 되었고, 결과가 나온 후 어느 날부터 친했던 친구들이 나를 피하기 시작했다. 처음으로 왕따를 당하게 된 것이다. 그런 상황이 너무 힘들고 도대체 이해가 되지 않았다. 그러다 다른 아이에게 그 이유를 전해 듣게 되었다. "너 수학시험 보고 한 개 틀렸다고 엄청 짜증냈다며? 이런 쉬운 문제를 틀리면 바보인데 네가 틀렸다고 도대체 수학을 반도 못 맞는 애들은 어떤 애들인지 이해가 안 간다고 했다는데 네가 그런 말 한 거 맞아?"

내가 그랬던 것 같다고 말하자 그 친구가 얼굴을 찌푸리며 말했다. "네가 친하게 지냈던 애들 중에 말을 안 해서 그렇지 우리 학교에 재수해서 온 애들도 있고, 공부 때문에 힘들어하는 애들이 대부분인데 네가 엄청 잘난 척했다고 재수 없다고 같이 안 다니고 싶다고 하더라. 앞으로 말 좀 조심하면 좋겠어."

　그 이야기는 나의 뒤통수를 울렸고, 처음으로 교만이 무엇인지 알게 되었다. 시간이 지나면서 그 교만이 얼마나 상대에게 무력감과 분노를 느끼게 하고, 관계를 어렵게 만드는지 깨닫게 되었다.

　교만은 내가 가지고 있는 것들을 감사와 겸손으로 받아들이지 않고, 상대의 상황이나 환경을 배려하지 않고, 타인의 어려움과 고난에 대해 폭넓게 이해하거나 깊이 있게 수용하지 못하는 태도로 나타날 수 있다. 그리고 무엇보다 자신의 삶을 자기 마음대로 통제할 수 있으며 자신의 자원과 강점을 당연하게 여기는 것을 넘어 다른 사람들의 것보다 우월하다고 느낄 때 자연스럽게 묻어 나오게 된다.

　나는 나의 교만을 드러내지 않기 위해 노력하지 않는다. 그 노력을 하기 보다는 내가 이루어야 하는 것들에 더 많은 노력을 기울인다. 결과보다는 과정에 조금 더 집중한다. 그리고 내가 교만하다는 것을 날마다 인정한다. 아주 작은 것에도 감사하려 하고, 내가 이룬 것이 나의 노력과 상황, 환경, 운이 좋았다고 총체적으로 평가한다. 다른 사람의 강점과 자원을 배우려고 노력하며, 힘들고 괴로운 사람들의 목소리에 조금 더 집중하며 내가 할 수 있는 것에 조금 더 많은 에너지를 쏟으며 살아간다. 교만하지 않은 삶을 살고 싶다면 교만하다는 것을 인정하는 것부터 시작해 보면 어떨까?

우리는 왜 교만할까?
다른 사람들이 무시할까 봐?
나 자신을 높여줄 수 있으니까?
교만은 타인에게 거부감과
오히려 무시하고 싶은 욕구를 일으킨다.
그렇다면 어떻게 해야 할까?

교만을 이기려면
매일 넘어지고 실수하는 인간의 한계와
완벽할 수 없는 존재로서의 부족함,
도저히 혼자 힘으로 할 수 없는 것들이
너무도 많음을 초연하게 인정하는 것에서부터
시작해야 한다.

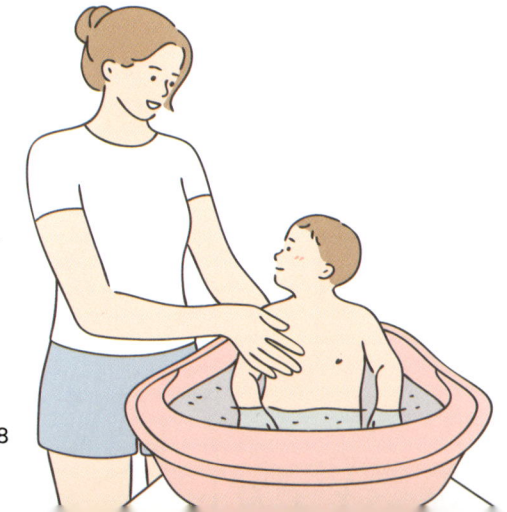

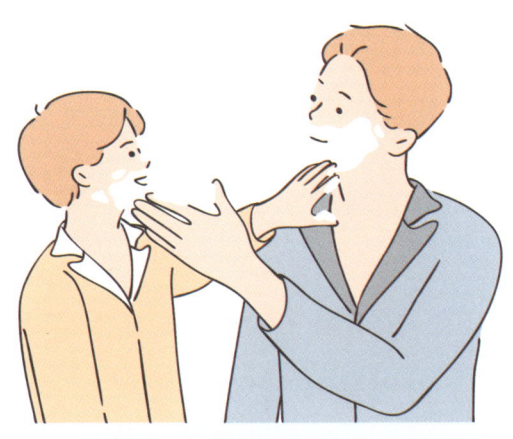

주어진 지금의 상황과 환경에 자족하고,
아주 작고 사소한 것에도 감사하며
타인을 판단하고 비난하기보다
자기 자신을 먼저 살필 때 성장은 일어난다.
나의 단점과 한계를 인지하고 인정하면
성숙하고 겸손한 사람으로 나아갈 수 있게 된다.

인지의 한계를 인정하기

우리가 살아가는 세상을 부모가 알았을까?
아이들이 살아갈 세상을 우리가 알 수 있을까?
부모의 좁은 경험과 어설픈 지식이
아이의 가능성과 장래를 제한하는
사슬과 독이 되기도 한다.
나의 한계를 인정하고 열린 마음으로 수용하면
더 큰 세상을 아이에게 선물할 수 있을 것이다.

정서의 한계를 인정하기

참는 것은 한계가 있다.
어느 순간 임계치를 넘어 폭발하면
그동안 참아왔던 모든 것들이 물거품이 된다.
우리는 정서적으로 불안정하다.
그 한계를 인정하고 상대에게 알려주어야 한다.
오히려 모든 것을 참아내고 다룰 수 있다고
믿는 것이 교만일 수 있는 것이다.

의지의 한계를 인정하기

작심삼일.
성인이 되면 작심삼년이 될 수 있을까?
다이어트하기, 독서하기, 담배 끊기…
얼마나 많은 것들을 성실하게 해내고 있는지
먼저 스스로에게 물어보자.
자녀의 의지를 문제 삼고 야단치기 전에
먼저 내가 나에게 그 기준과 잣대를 대어보자.

생각해보기

> ✏️ 다음을 고민해서 적어보세요.

- 나의 단점과 한계는 무엇일까?

- 할 수 있는 것 vs. 할 수 없는 것

- 가지고 있는 것 vs. 가질 수 없는 것

> ✏️ 다음을 고민해서 적어보세요.

- 잘 모르는 분야에 대해 생각해보자

- 감정에 휘둘려 실수했던 때를 생각해보자

- 내 의지와 다르게 행동했던 경험을 생각해보자

PART 6

부모도
자녀에게 상처 받는다

우리 딸이 언제 이렇게 커버렸을까?
아빠 엄마가 미안하다.
잘 몰라서 그래.
첫째 딸은 어떻게 가르치고
둘째는 어떻게 키우고
막둥이는 어떻게 사람 만들어야 할지 몰라서...
이 아빠도 태어날 때부터
아빠가 아니잖아
아빠도 아빠가 처음인데...
우리 딸이 조금만 봐줘.

드라마 *응답하라 1988* 중에서

사람은 수많은 관계를 맺고...

때로는 일부러든 실수이든 서로에게 상처를 주고받는다. 부모도 자녀를 양육하고 키우면서 많은 상처를 주고받는다. 특히 사춘기 자녀들을 키울 때는, 그들의 거칠고 무례한 말과 행동에 지우기 힘든 아픈 상처가 남기도 한다. 자녀들은 가끔 부모라는 존재가 어른이라는 이유로 아무리 상처를 주어도 감정이 상하지 않고 얼마든지 참고 견디며 쉽게 회복되는 자신들의 연습용 샌드백이라 여기는 것 같다. 하지만 부모도 여느 다른 사람처럼 마음이 아프고 견디기 힘든 연약한 인간임을 자녀들에게 알려주어야 하고, 먼저 부모도 솔직하게 인정하고 수용해야 한다.

교육과 상담을 하다 보면 자주 받는 질문이 있다. "아이들이 이런 것은 부모 때문인가요?" 여러 육아 서적과 사회적 통념들은 어느 일정 부분 자녀의 잘못된 부적응적 성장과 관계의 어려움은 부모의 잘못된 양육방식과 태도 그리고 유전적, 환경적인 요인이 크다고 규정한다. 물론 가슴 아프지만 인정해야 할 사실이다. 하지만 나는 그 상황에서 묻고 싶은 것이 있다. "그럼 그 부모의 잘못된 양육방식과 태도, 유전적, 환경적 요인도 그 부모의 부모 탓 아닌가요?" 앞에서도 말했듯이 부모의 85%는 부모의 부모에게 양육받는 방식대로 그대로 자녀들을 양육하기 때문이다.

부모로 태어난 사람은 없다. 그 부모도 똑같이 누군가의 자녀였다. 기질적으로 타고 태어난 것, 성격으로 형성된 것, 보고 배운 것, 알고 깨달은 것, 용납되고 수용받은 모든 경험이 부모의 부모 됨을 만든다. 그렇기에 그 누구의 잘못이라고 비난하며 책임을 전가하거나 단호히 규정해서는 안 된다.

자녀를 제대로 키우기 위해 도움을 청한 많은 부모에게 먼저 물어보는 질문이 있다. "자녀에게 어떤 부모가 되고 싶으신가요?" 그들 중 자녀에게 좋은 부모, 괜찮은 부모, 멋지고 든든한 부모가 되고 싶지 않은 부모는 단 한 명도 없었다. 하지만 그들이 원하는 부모가 되는 방법을 잘 몰라서 노력과 헌신의 방향이 잘못된 방향으로 흘러가고 있는 것이 안타까웠다.

아이마다 상황마다 환경마다 너무도 다른 데 이 사람 이야기를 들으면 이렇게 해야 하고 저 사람 이야기를 들으면 그게 틀렸다고 한다. 부모도 부모가 처음인데 자녀들이 잘못되면 무조건 부모 탓으로 돌리니 너무 가혹하고 슬프기까지 하다.

세 아이를 키우며 나는 자문자답 할 때가 많다. "나는 나름 괜찮은 엄마인가?" 확실한 것은 죽을 때까지 완벽한 엄마가 되지는 못하겠지만 이 정도면 나름 괜찮은 엄마라고 나 자신을 토닥여준다.

가끔은 필요하다. 엄마도, 아빠도 본인의 이름을 불러주며 위로와 격려를 자신에게 해 줄 필요가 있다. "윤미야, 너도 엄마가 처음이잖아. 이 정도면 괜찮아. 너무 애쓰고 속상해하지 마. 그냥 너도 부모가 처음이라 그래. 잘하고 있어. 조금만 더 힘내자."

무례한 어른을 꼰대라고 부르고,
무례한 행동을 갑질이라 칭한다.
꼰대랑 갑질은 어른들의 대명사일까?
그렇다면 부모를 가장 무시하고
무례히 대하는 사람은 과연 누구일까?
많은 부모가 자녀라고 대답한다.

부모의 갑질에 자녀들은 분노하고,
자녀의 무례에 부모들은 상처를 받는다.
가장 사랑하고 사랑해줘야 하는 관계에서
왜 이런 일이 일어날까?
갱년기와 사춘기의 싸움, 과연 그 이유일까...
근본적이고 합당한 이유는 되지 못한다.

부모도 자녀도 똑같은 전제에서 출발해 보자.
둘 다 존중받고 이해받고 배려받고 싶어 한다.
결국, 서로를 충분히 존중해주지 못했고,
이해해주지 못했으며, 배려하지 못했다.
성경에서의 황금률이 있다.
대접받고 싶은 대로 남에게 대접하라!
그 말대로 산다면 무례는 사라지게 될 것이다.

존중의 마음을 키우기

상대가 높아지면 내가 낮아지는 걸까?
대인관계는 질량보존의 법칙이 통하지 않는다.
상대를 높이는 만큼 나도 높아지기 때문이다.
존중에는 모두를 높이는 힘이 있다.
또한, 존중은 다름을 인정하는 것에서 시작한다.
틀림이 다름이 되면 싸움이 아닌 대화로,
배척이 아닌 수용으로 존중할 수 있게 된다.

이해의 마음을 키우기

운전하다 욱하는 순간을 많이 경험한다.
그럴 때 어떤 생각을 하는가?
운전한 지 얼마 안 되었는지, 길을 헤매는 건지,
어디가 아픈 건지, 힘들고 급한 일이 생겼는지
미루어 짐작해 보면 어떨까?
그리고 나의 초보 때는 어떠했는지 돌아보자.
어느 정도 이해가 되면 욱하지 않게 된다.

배려의 마음을 키우기

열 손가락 깨물어 안 아픈 손가락이 없다?
세게 깨물면 더 아프고 살살 깨물면 덜 아프다.
깨물 때 전적으로 부모의 의지와 감정이 담긴다.
자녀가 둘 이상일 때 평등이 아닌 공평이 중요하다.
각자 부족한 것이 다르고 필요한 것이 다르다.
그 부분을 정확하게 이해하고 배려해 주는 것.
그래야 부모의 의지와 감정이 공평하게 전달된다.

생각해보기

▱ 다음을 고민해서 적어보세요.

- 상처받은 말과 표정

- 상처받은 행동

- 상처받은 상황

▱ 다음을 고민해서 적어보세요.

- 어떨 때 존중받고 있다고 느끼나요?

- 어떨 때 이해받고 있다고 느끼나요?

- 어떨 때 배려받고 있다고 느끼나요?

PART 7

부모의 사랑도
지극히 이기적이다

내 속엔 내가 너무도 많아
당신의 쉴 곳 없네
내 속엔 헛된 바램으로
당신의 편할 곳 없네
내 속엔 내가 어쩔 수 없는 어둠
당신의 쉴 자리를 뺏고
내 속엔 내가 이길 수 없는 슬픔
무성한 가시나무 숲 같네
바람만 불면 그 메마른 가지
서로 부대끼며 울어 대고
쉴 곳을 찾아 지쳐 날아온
어린 새들도 가시에 찔려 날아가고

노래 *가시나무* 중에서

전문 상담사가 되려면...

교육 분석, 즉 상담자 자신이 내담자가 되어 상담을 받는 경험을 해야 한다. 그동안 여러 학회의 슈퍼비전을 받으며 가장 나 자신과 다르면서도 끌리는 교수님 한 분에게 직접 교육 분석을 부탁하고 상담을 진행하게 되었다.

상담을 통해 나는 나 자신에 대한 깊은 이해와 통찰을 경험하면서 풀리지 않던 나의 삶의 동력과 에너지를 발견하게 되었다. 그것은 바로 '이타심'과 '도움'이었다. 남을 위하는 마음으로 그 사람의 필요에 맞게 도울 때, 나 스스로 에너지를 발산하고 삶의 목적의식이 생기며, 그것을 이루기 위해 상대를 지극히 배려하며 관계를 맺고, 그 과정에서 기쁨과 보람을 느낀다는 것을 알았다. 그런데 그 과정에서 깨달은 것들 중 가장 놀랐던 것은 그 이타심의 시작과 도움의 본질이 지극히 이기적인 것이었다는 것이다.

타인을 도우면서 느끼는 나의 우월감, 그리고 타인의 의존도를 높여서 통제하기 쉽고 편하게 되는 용이함을 나도 모르게 무의식적으로 원했던 것이었다. 결국 나를 위한 도움이었고, 나 자신의 존재감을 드러내기 위한 배려였던 것이었다. 왜 나보다 객관적으로 힘들고 어려운 사람에게 끌리고 그 사람들과 관계를 맺는 것을 좋아했는지 그 모든 과정이 이해가 되고 퍼즐이 맞춰지는 순간이었다.

이기적인 이타심이 내 안에 있다는 것을 인정하고 나니, 마음이 오히려 홀가분해졌다. 내가 그렇게 선하고 착하지 않음을 나 자신이 누구보다 잘 안다. 내 생각은 이기적인 것들로 가득 차 있으며, 마음에는 욕심과 교만으로 어지럽혀 있을 때가 얼마나 많은 지 다른 사람들은 몰라도 가끔 스스로 흠칫 놀랄 정도로 소름 끼치게 자각할 때가 있다. 하지만 그것을 들키지 않은 채 곱게 포장해서 적절하게 이기적이고 적당히 이타적인 가면을 때에 맞게 바꾸어 쓰면서 적응적으로 살아가고 있었던 것이다. 적어도 나 자신이 그렇게 괜찮은 사람이 아니라는 것을 인정하게 되니, 나를 무겁게 내리누르는 보이지 않는 부담감에서 어느 정도 자유로움을 맛볼 수 있게 되었다.

자녀들에게도 나는 그들을 돕는 이타적이고 희생적인 엄마이고 싶다. 그 마음 한쪽 구석에는 '이렇게 좋은 엄마가 있어 너희들은 행운이야. 나보다 더 좋은 엄마는 거의 없을 길? 엄마 말 잘 들으면 너희 인생이 훨씬 편하고 좋을 거야!'라는 교묘한 우월감과 통제 의식이 자리잡고 있다. 만약 자녀를 향한 헌신적인 도움이 참된 사랑과 순수한 이타심에서 나온 것이라면, 그 어떤 조건도 없고, 결과에 연연하지 않으며 그것을 몰라주고 인정해주지 않아도, 어떤 상황에서도 지치지 않을 것이다. 하지만 만약 그렇지 않다면 솔직하게 인정해야 한다.

가장 넓고 깊고 높은 부모의 헌신과 희생도 불완전하고 어그러진 이기적인 마음에서 완전히 자유로울 수 없음을… 그것을 인정할 때 살짝 허무하지만 많이 홀가분해지는 괜찮은 부모 됨을 경험할 수 있게 될 것이다.

이기심의 반대는 이타심일까?
이기심은 악한 것, 이타심은 선한 것일까?
이기심은 인간의 본능이고 본성이다.
오히려 건강한 이기심은 자신을 먼저
한 인간으로 사랑하고 이해하고 존중하며
타인과의 관계도 건강하게 맺을 수 있다.

부모 자녀 관계에서도 마찬가지다.
자신이 이기적이라는 사실을 잊은 채
이타적이고 희생적인 삶을 살고 있다 여기는가?
가장 순수하고 이타적인 부모의 사랑도
자세히 들여다보면 자신의 유익을 위하는
마음에서 비롯된 것이 많다.

지금의 삶이 자녀에게로 모두 향해있는가?
그렇게 하는 진짜 욕구는 무엇 때문인가?
이타적인 희생이 자신의 욕구를 채우기 위한
이기적인 노력이 아닌 지 돌아보아야 한다.
오히려 그것을 인정할 때,
희생한 시간과 노력에 대한 억울한 마음,
보상받고 싶은 욕구, 허무함이 생기지 않게 된다.

나를 위한 자기 사랑

지금 눈을 감는다면...
나는 무엇을 가장 후회할 것인가?
오늘 3개월 시한부 선고를 받았다.
나는 무엇을 할 것인가?
삶의 마지막에 후회하지 않기 위해
진정한 나 자신으로 마음껏 사랑하고 표현하며,
행복하게 살아가길 선택하자!

나를 위한 가족 사랑

노부모의 죽음은 그나마 마음의 준비를 할 수 있다.
그러나 자녀의 죽음은... 생각조차 할 수 없다.
대신 죽는 것이 나을 만큼 고통스러울 것이다.
오늘이 자녀와의 마지막 날이라면?
나의 말과 행동은 분명히 다를 것이다.
주어진 오늘을 선물로 여기고
자녀가 아닌 나를 위해 자녀를 더 사랑해 보자.

나를 위한 이웃 사랑

나의 장례식에는 어떤 사람들이 찾아올까?
추도식에서 가족과 이웃들은 날 어떻게 회상할까?
묘비에 어떤 사람으로 기록될까?
장례식장은 나에 대해 많은 것을 말해준다.
이웃에 대한 사랑은 타인을 위해서가 아닌,
타인에게 기억되고 싶은 나를 위해서라고
그렇게 생각해도 가끔은 괜찮을 것 같다.

생각해보기

✏️ 부모님의 죽음 앞에 쓰는 글

TO.

_____
_____
_____
_____
_____
_____
_____
_____
_____
_____

✏️ 자녀/배우자의 죽음 잎에 쓰는 글

TO.

_____
_____
_____
_____
_____
_____
_____
_____
_____
_____

PART 8

내가 할 수 있는 것과
할 수 없는 것

분노 감정이 일어나면
내 안을 들여다볼 생각은 하지 않은 채
밖에 있는 상대방의 문제 행동에만 집중한다.
아빠인 내가 버럭 화를 내는 것은 너무 당연하다.
왜냐하면 아이가 버릇이 없고 못된 행동을 했으니
혼내야 한다고 믿기 때문이다.
그리고 아빠가 화를 내고, 따끔하게 혼을 내야
다시는 아이가 나쁜 짓을
하지 못할 것이라고 굳게 믿는다...
실은 아이가 아빠에게 소리치며 대드는 태도에서
마치 자신의 나이 어린 직장 상사에게
느꼈던 수치심이 떠올랐고
이에 자극받아 분노가 긴급 출동한 것일 수도 있다.

책 *나쁜 감정은 나쁘지 않다* 중에서

청년 시절...

　세상을 살아가며 내가 할 수 있는 것과 할 수 없는 것의 경계에서 무력감과 좌절감을 경험하고, 그것을 치유하고 극복하고 싶어서 여러 종교에 관심을 가졌다. 특히 부모님이 열혈 불교 신자셔서 유명한 스님들을 직접 뵙고 가르침도 받았다. 어린 나이였지만 나름의 깊이 있는 철학을 깨달았고, 기독교인으로 살아가고 있는 지금까지도 삶에서 많은 부분 적용하고 있다.

　그중 가장 영향을 미쳤던 건 '마음의 화를 빼라!'였다. 각 사람마다 마음의 아궁이가 있다. 그 아궁이는 장작을 넣으면 넣을수록 활활 타오르게 된다. 그러면 그 아궁이 위의 가마솥은 결국 끓어서 넘치게 된다. 끓어서 넘치게 하지 않으려면 어떻게 해야 할까? 가마솥뚜껑을 더 단단하게 누르면 될까? 오히려 폭발하지 않을까? 마음의 화가 이와 같다.

　마음의 화가 이와 같다. 화라는 것이 뚜껑을 누른다고 참아지거나 없어지는 것이 아니다. 가마솥이 끓지 않게 하려면 아궁이 속의 장작을 빼면 된다. 그 장작이 바로 각자가 가지고 있는 마음의 쓴 뿌리이다. 그 쓴 뿌리는 열등감의 근원이며 들키면 안 되는 수치심과 깊은 상처, 그 모든 것이 바로 마음의 아궁이를 활활 태우게 만드는 장작이자 쓴 뿌리인 것이다.

쓴 뿌리를 없애기 위해서는 어떻게 해야 할까? 먼저 그것이 무엇인지 실체를 정확하게 찾아내야 한다. 언제 어디서 시작되었는지, 누구로부터 왔는지, 어떻게 나에게 영향을 미쳤는지, 무엇이 그것의 중심인지 정확하게 알아내고, 찾은 후에는 그것을 인정하고 이해하며 보듬어주는 과정이 필요하다.

내 마음의 아궁이를 지피던 장작 중 하나는 셋째 중 둘째라는 형제 순위에서 발생한 인정 욕구였다. 다른 사람에게 칭찬받고 싶었고, 잘 나고 싶었고, 우쭐하고 싶었다. 나를 존중해주지 않으면 참을 수 없이 화가 났다. 불편한 감정을 자세히 들여다보고 성장 과정을 돌아보며 '과도한 인정 욕구'라는 쓴 뿌리를 찾았고, 그것을 제대로 제거하기 위해서 내가 택한 방법은 스스로를 더 이해해 주고 보듬어주기로 했다. '굳이 남에게 인정을 받아야만 내가 더 가치 있는 사람일까? 난 누구보다도 귀한 존재인 걸. 다른 사람의 칭찬과 인정을 구걸하지도 말고 목말라하지도 마.'

인정받지 못하거나 무시당했다는 생각이 들며 화가 올라올 때마다 '내가 왜 화가 나지?'에 대한 질문을 스스로에게 먼저 던진다. 그리고 그것에 대한 답을 미리 준비한 여러 답지에서 찾아서 스스로 설명해 준다. 그 답은 나를 가장 잘 아는 나만이 찾을 수 있다. 근원적인 답을 하나씩 찾아가다 보면, 장작을 하나씩 치우게 되고, 결국 나의 마음의 아궁이는 과도하게 불타는 장작으로 인해 가마솥이 넘칠 일도, 폭발하는 상황도 일어나지 않게 되는 것이다. 쓴 뿌리인 장작이 치워지면 아궁이도 비워지고 깨끗이 청소되는 시원함을 맛보게 된다.

분노는 나쁜 감정일까?
분노하지 않는 사람이 성숙한 사람일까?
분노는 인간이 가지고 태어나는
가장 기본적인 정서 중 하나이다.
아기들이 태어나자마자 처음 하는 것이
앙칼지게 우는 것.
그것이 일종의 첫 분노 표현이다.

분노라는 감정 자체는 나쁘지 않다.
분노해야 할 때 꾹꾹 눌러 참거나
자신의 욕구를 무시하거나
한꺼번에 폭발하는 것이 나쁜 것이다.

정의로운 사람은 부정한 것에 분노한다.
지혜로운 사람은 성장시키기 위해 분노한다.
온유한 사람은 분노하기 전에 자신을 먼저 살핀다.
관대한 사람은 분노한 후 마음에 쌓아두지 않는다.
절제하는 사람은 필요한 말과 적절한 감정으로 분노한다.
결국...
제대로 분노하는 것도 나의 성품과 인격에서
비롯되는 것임을 알아야 할 것이다.

분노하기 전

참을 인 세 번이면 살인을 면한다고 한다.
화를 내기 전 잠깐이나마 시간을 갖자.
가장 먼저 호흡을 다듬자.
천천히 깊게 내쉬는 호흡이 많은 도움이 된다.
그다음엔 상대의 입장이 되어보자.
그럴 수도 있겠구나...
마지막으로 나의 감정을 살펴보자.
분노라는 감정 속에 수치심, 인정 욕구, 열등감 등이
교묘하게 숨어있을 수 있다.

분노할 때

적절한 분노는 필요하다.
그리고 지혜롭게 분노해야 한다.
먼저 주체를 나로, 나는, 내가로 시작해 보자.
호흡을 천천히 가다듬고, 말하는 속도를 늦추며,
목소리의 톤을 평상시보다 낮게 깔아서 말해보자.
큰 소리로 악을 쓸수록 자녀는 듣지 않는다.
감정을 전달하면 내용은 전달되지 않는다.
분노할 때 잊지 말아야 할 것이 있다.
자녀의 잘못을 교정하고 더 나은 사람이 되기를
바라는 마음에서 시작된 분노여야 한다는 것.

분노한 후

감정의 쓰레기는 반드시 치워야 한다.
감정이 다 가라앉고 시간이 조금 흐른 뒤,
분노했던 상황은 영상 보듯 회상해 보라.
감정적으로 화를 내고 상처를 주었는가?
부모로서 성숙하지 못함을 인정하고
구체적으로 진심을 담아 사과하라.
반대로 상처를 받았다면 적절한 때에
부모도 사람이라 아프다는 것을 알려주고
정중한 사과를 받아야 할 것이다.

생각해보기

 다음을 고민해서 적어보세요.

- 10대에 제일 화가 났던 대상/상황

- 20대에 제일 화가 났던 대상/상황

- 30대에 제일 화가 났던 대상/상황

 다음을 고민해서 적어보세요.

- 화가 날 때 잘 참는 나만의 방법

- 효과적으로 화를 내는 나만의 방법

- 어쩔 수 없이 화를 낸 후 해결하는 방법

PART 9

상처를 주고 받고,
치유되며 성숙해지는 것

그대여 아무 걱정하지 말아요
우리 함께 노래합시다
그대 아픈 기억들 모두 그대여
그대 가슴에 깊이 묻어 버리고
지나간 것은 지나간 대로 그런 의미가 있죠
떠난 이에게 노래하세요
후회 없이 사랑했노라 말해요
그대는 너무 힘든 일이 많았죠
새로움을 잃어버렸죠
그대 슬픈 얘기들 모두 그대여
그대 탓으로 훌훌 털어 버리고
지나간 것은 지나간 대로 그런 의미가 있죠

노래 걱정말아요 그대 중에서

자녀들이 아장아장 걸어 다닐 때...

들뜬 마음으로 여행을 갔다. 우는 아이 달래고, 업고, 먹이고, 돌보고... 이건 여행이 아니라 노동이었다. 남편과 같이 밥을 먹고 다정하게 손을 잡고 아름다운 해변을 걸어보는 것은 꿈도 꾸지 못했다. 그런데도 온 가족이 함께 있고, 아이들이 곁에 있다는 것만으로 위안을 삼으며, 방긋방긋 웃어주기만 해도 감사해하며 그 시간을 보냈다.

자녀들이 사춘기를 겪을 때 혹시나 하는 마음으로 여행을 갔다. 사진을 찍지 않겠다고 버티고, 서로 먹고 싶은 거 먹겠다고 싸우고, 나가기 귀찮다고 핸드폰만 하겠다고 우겨서 혼나고... 여행이 아니라 전쟁이었다. 남편과 같이 서로 눈을 마주치고 웃으며 대화하며 분위기 있는 식사를 하는 것은 꿈도 꾸지 못했다. 그런데도 부모 노릇을 나름 열심히 하고 있고, 자녀들의 감정 쓰레기통 역할을 하고 있다는 것만으로 서로를 위로하며, 아주 가끔 웃어주기만 해도 감사해하며 그 시간을 견뎠다.

자녀들이 성인이 된 후 설레는 마음으로 여행을 갔다. 다 큰 아이들이 짐을 들어주고, 손을 꼭 잡아주고, 다양한 기술로 멋지게 사진도 찍어주고, SNS로 맛집 예약해 주고, 밤새도록 이야기꽃을 피우며 깔깔 눈물 나게 웃고... 여행이 아니라 천국이었다.

남편과 함께 오붓한 시간을 보내며 서로 손을 잡고 그동안 지나온 나날들을 회상하며 힘든 시간을 잘 견뎌 왔음을 서로가 칭찬해 주고 무지개가 걸쳐진 해변을 걸으며 자녀들이 예약해 준 분위기 있는 곳에서 식사를 했다. 자녀들을 통해 참된 인내를 배웠고, 넓은 사랑을 깨닫고, 깊은 헌신을 경험해 볼 수 있었음을 감사해하며 그 시간을 마음껏 누렸다.

  연로한 부모님을 모시고 마지막이 될 수도 있는 여행을 갔다. 두 분 대신 짐을 드느라, 부축해 드리느라, 천천히 걷는 힘겨운 걸음을 맞추며 걷느라, 입맛에 맞는 음식을 챙겨드리느라, 굳어진 신념과 관점의 소통 없는 주장과 비판을 참고 들어드리느라... 여행이 아니라 다른 강도의 노동이었다. 그럼에도 아직 엄마, 아빠라고 부를 수 있게 같은 하늘 아래 계신다는 것과 앞으로 내가 늙어갈 모습을 미리 알려주시는 것만으로도, 힘 없이 초연한 웃음을 보여주실 때 감사해하며 그 시간을 느꼈다.

  어린 자녀를 키우고 사춘기 자녀를 견디고 노부모를 모시고 이제는 성인이 된 자녀들과 늙어갈 나날들은 많은 사람들에게 비슷할 수 있지만, 각자의 스토리는 많이 다를 것이다. 나는 나의 스토리 속에서 인내와 사랑과 헌신과 지혜를 배웠다. 결국 모두의 인생이란 이렇게 각자의 속도와 방향으로 조금씩 흘러가고 어느 정도의 아픔과 상처를 주고받으며 그럼에도 차근차근 성장하고 치유되며 성숙해지는 것이 아닐까 싶다. 지나간 것은 지나간 대로 그런 의미가 있는 것 같다.

자기 자신을 위해 용서하라고 한다.
하지만 정말 용서하기 어려울 때는
어떻게 해야 할까?
그때는 아직 용서할 준비가 덜 되었다는 뜻이다.
준비가 안 된 용서를 억지로 하면
오히려 부작용이 생기게 된다.

용서하기 힘들고 싫을 때에는
용서하고 싶지 않은 생각을 먼저 정리해 보자.
용서할 수 없는 마음을 어루만져주고,
용서를 표현할 수 없는 행동을 용납해 주자.
생각과 마음, 행동을 충분히 살피고 보듬은 후,
용서하고 싶은 욕구가 올라오면
직접 그 대상이 아니어도 상대가 있는 것처럼
소리 내어 이야기해 보는 것도 괜찮다.

때로는 시간이 흘러 그냥 자연스레 이해가 되며
용서가 되는 것을 선택해도 좋다.
용서는 다른 사람이 아닌 자기 자신에서
시작해야 하며, 자신을 충분히 위로한 다음
타인에 대한 진정한 용서를 선택해도 괜찮다.
용서는 철저히 자발적인 동기에서
이루어져야 하기 때문이다.

자신을 용서하기

자신을 진심으로 용서해 보았나?
잘못한 것을 깨닫고 참회하지만
용서받지도 용서하지도 못한 채
그냥 살아가고 있지는 않은가?
자신을 용서하기에는 너무 미안해서
자신을 채찍질하며 살아가고 있는가?
내가 나를 용서하는 만큼 남도 용서하고
그다음 단계로 나아갈 수가 있다.
"괜찮아. 이제는 그만 미안해해도 돼."

사람을 용서하기

사람을 용서할 때 가장 좋은 방법은
죄와 사람을 분리해서 생각해 보는 것이다.
그 사람과 죄를 따로 떼어 각각 생각해 보고,
그 사람이 저지른 죄는 미워하고 반복되지 않도록
정당하고 합법적으로 처벌을 받게 해야 한다.
하지만 그 사람 자체에 대해서는
조금 더 넓은 시각으로 바라보는 것이 필요하다.
우리 중에 죄 없는 자가 어디 있겠는가?

세상을 용서하기

바꿀 수 없는 것을 바꾸려고 하거나
나는 옳고 너는 틀렸다고 치부하면
싸움이 되고 상처만 남게 된다.
모든 관계에서의 가장 기본은
상대의 생각이나 행동을 바꾸려고 하기보다는
나를 성장시키는 것에 집중해야 한다.
결국 내가 바꿀 수 있는 것은
오직 나뿐이기 때문이다.

생각해보기

과거로 돌아가 잘못을 바로 잡는다면

- 언제로 돌아갈까?

- 누구에게 잘못을 말할까?

- 무엇을 바로잡을까?

다음을 고민해서 적어보세요.

- 용서하기 위해 어떤 노력을 했나요?

- 용서받기 위해 어떤 노력을 했나요?

- 용서한 후 / 용서받은 후에 어떤 마음이 들었나요?

PART 10

제대로 혼내야
사람된다

자존심을 건드리지 않는 처벌은
아이를 변화시킬 수도 있겠지만
자존심을 상하게 하는 처벌은
교육적 효과가 없다.
특히 머리, 얼굴, 뺨에 대한 '사랑의 매질'은
원치 않는 행동을 없애는 것이 아니라
상황을 더욱더 악화시킬 뿐이라는 것이
많은 연구를 통해 검증되고 있다.
사랑하는 자식에게 폭력을 휘두르거나
사랑하는 자식을 학대하고 싶은
부모는 없을 것이다. 단지 잘못된 방법으로
사랑하는 부모가 있을 뿐이다.

책 *생활속의 심리학* 중에서

에피소드 10

빛이 바랜 사진을 보며...

  엄마가 나에게 들려주신 이야기가 있다. 어느 날 엄마가 가게에 가서 동생에게 줄 과자를 사 오라고 내 인생 첫 심부름을 시키셨다고 한다. 나는 당당히 첫 심부름을 하러 슈퍼에 달려갔다. 숨을 할딱거리며 슈퍼에 가서 사 온 과자를 엄마에게 내밀고서, 엄마의 칭찬에도 긴장한 듯 아무 말도 안 하고 입을 앙다물고 있었다. 이상함을 눈치 챈 엄마가 물으셨다. "거스름돈은 어디 있어? 잔돈 주셨을 텐데 안 받아왔니?" 나는 아무 대답 없이 고개를 가로저었다. 엄마가 다시 물으셨다. 이것만 사 왔으면 분명 거스름돈이 있어야 하는 건데... 정말 못 받았어?" 또다시 나는 아무 말 없이 고개를 끄덕였다. 그러다 엄마가 말씀하셨다. "만약, 거스름돈을 네가 받고서 안 받았다고 하면, 그것은 거짓말이고 도둑질이야. 그래도 안 받았어?" 나는 주저하다가 다시 고개를 끄덕였다. 그때 엄마가 나에게 입을 벌려보라고 말씀하셨고, 나는 싫다고 하다가 입을 열었다. 입 안에 가득 숨겨놓았던 동전을 한 개, 또 한 개 하나씩 차례로 뱉어내었다. 처음에는 엄마가 너무도 귀여운 모습에 웃음이 나셨다고 한다. 하지만 인생 첫 심부름에서 첫 도둑질까지 감행한 나에게 따끔하게 훈육을 해야겠다고 순간 결심하셨다고 한다. 난생처음 거짓말과 도둑질을 한 상태에서 현장 검거가 되었으니 엄마는 어떻게 하셨을까?

나는 기억이 전혀 나지 않지만, 엄마는 내 손을 잡고 집 앞에 있는 경찰서에 데려가셨다고 한다. 그때는 경찰 아저씨들이 순찰도 돌고 주민들과 아주 가깝게 지내던 터라 엄마는 경찰 삼촌 찬스를 쓰기로 하신 거다. 경찰 삼촌에게 눈을 찡긋하며, 우리 딸이 거짓말을 하고 도둑질까지 해서 데려왔는데 어떻게 해야 하냐고 물으니, 눈치 빠른 경찰 삼촌이 곤봉과 수갑을 보여주며, 거짓말을 하는 것은 사기꾼이고 도둑질을 하는 것은 도둑인데 그런 나쁜 사람은 잡아가야 한다며 감옥에 갈 수도 있겠다고 말했다고 한다. 그러나 나는 두려움에 눈물이 터졌고 다시는 안 하겠다고 감옥은 갈 수 없다고 제발 잡아가지 말라고 엉엉 울며 손을 싹싹 빌었다는... 지금은 웃으며 이야기할 수 있지만 그때는 어린 마음에 확실히 각인되었을 절박했던 이야기.

그것이 결말인 줄 알았는데, 나는 그때의 훈육이 정말 효과적이었는지, 길에서 주운 동전도 경찰 삼촌에게 가져다 드려야 속이 시원했고, 나이가 들어서도 가끔씩 실수로 계산이 덜 되거나 거스름돈을 더 받았을 때 꼭 말해서 제대로 정산하고, 아무도 안 봐도 교통신호는 꼭 지키며, 남의 물건은 만지지도 가지지도 않는 버릇(?)이 생겼다.

시대가 아무리 변해도 부모나 선생님, 어른들의 훈육은 아이들의 성격과 발달 정도에 따라 강도와 빈도가 일관적으로 적절하게 주어져야 한다. 제대로 혼내야 사람이 되는 것이다. 사랑은 분명히 말한다. 불의를 기뻐하지 않아야 한다고. 우리 어른들의 방임과 지나친 허용이 아이의 그릇되고 잘못된 행동과 그에 따른 결과와 책임에서 모두 자유롭지 못함을 자각하고 지혜롭고 효율적으로 훈육해야 한다.

사랑이라는 명목으로 불의를 기뻐하는가?
끊임없이 나오는 고위직 자녀들의 부정 입학,
부정 취업, 편법 증여, 군 면제 비리들...
목적이 수단을 정당화하고,
과정보다 결과에 모든 것을 부여하는
현재의 상황에서 우리는 자유로운가?

부모라면 자녀가 지름길, 쉬운 길, 편한 길로
가기를 바라는 마음이 왜 없겠는가?
실패는 성공의 어머니라지만
그 어머니는 되고 싶지 않다.
젊어서 고생은 사서도 한다지만
돈을 주고서라도 고생은 시키고 싶지 않다.
그렇다면 어떻게 해야 할까?

참된 사랑은 부정을 통해서라도
목적을 성취하는 것을 기뻐해서는 안 된다.
성공이라는 목적에 눈이 멀어 힘든 과정은 생략하고
지름길인 부정과 편법을 택하는 것은 사랑이 아니다.
특히 부모의 참된 사랑은 자녀를 위한다는 마음으로
불의를 행해서도, 용납해서도, 동조해서도 안 된다.
결국, 참된 사랑은 상식적이며 의지적이어야 한다.

합리적으로 설명하기

부모가 자녀의 잘못을 꾸중할 때
자녀의 관점에서 이해할 수 있게끔
합리적으로 설명해주어야 한다.
합당한 설명 없는 처벌은 반감과 저항을 부른다.
일방적인 강요는 자녀를 수동적으로 만들고
타인에게 맞추는 삶을 살아가게 된다.
나 다운 삶을 살게 하고 싶은가?
합리적 설명이 자녀의 삶을 통찰하게 만든다.

이해시킨 후 처벌하기

지나친 처벌은 자녀의 공격성을 키운다.
거절하지 못하는 수동적인 성격을 만들기도 한다.
하지만 적절한 훈육과 일관적인 처벌은
자녀의 융통성과 사회성을 길러주고
건강한 성인으로 성장하게 되는 밑거름이 된다.
정해진 규칙에 맞추어 처벌의 이유를
분명하게 이해시키면 행동 교정과 성장을 이끌 수 있다.

일관성있게 야단치기

부모의 양육태도 중 비일관성 지표가 있다.
그 지표가 자녀의 사회성 발달과 성장에
가장 큰 영향을 끼친다고 한다.
부모의 감정과 상황에 따라 야단치면,
아이들은 예측할 수 없는 환경 때문에
불안감이 높아지고 지능 발달도 더뎌진다.
자녀는 부모의 감정을 내다 버려도 되는
쓰레기통이 아니다. 그 쓰레기가 쌓일수록
관계의 어려움은 더 커질 것이다.

생각해보기

📝 내가 딸 / 아들이었을 때

- 가장 혼났던 순간과 상황은?

- 가장 크게 잘못을 깨달았던 때는?

- 혼나고 나서 억울했던 적은?

📝 내가 엄마 / 아빠일 때

- 가장 혼냈던 순간과 상황은?

- 가장 크게 잘못을 깨닫도록 혼냈던 때는?

- 혼내고 나서 후회했던 적은?

PART 11

아무런 조건없이
사랑할 수 있을까?

하나님은 당신을 있는 그대로 사랑하신다.
믿음이 커지면 하나님의 사랑도
더 커질 줄 생각한다면 그것은 오산이다.
묵상이 깊어지면 하나님의 사랑도
더 깊어질 줄 생각한다면 그 또한 오해다.
하나님의 사랑을 인간의 사랑과
혼동하지 말라.
잘할 때는 후해졌다
실수하면 줄어드는 것이
사람의 사랑이다.
하나님의 사랑은 그렇지 않다.
하나님은 당신을 있는 그대로 사랑하신다.

책 *예수님처럼* 중에서

사랑을 할 때...

우리는 아무 조건이나 이유, 보상, 상황이나 결과에 상관없이 순수하게 사랑할 수 있을까? 상대를 있는 그대로 인정하고 존중하며, 처음 마음 그대로 변함없이 사랑할 수 있을까? 거짓으로 포장하거나 꾸미지 않아도, 약하고 보잘것없어 보여도 당당하게 사랑을 요구할 수 있을까? 어린 자녀가 웃거나 쳐다보며 엄마, 아빠라고만 불러줘도 가슴 벅차게 행복했던 그 마음 그대로, 항상 건강하게 크기만 하라고 했던 그 마음 그대로 한결같이 사랑할 수 있을까? 사춘기가 되어 불러도 대답도 안 하고 오히려 짜증과 신경질을 내고 소리 지르며 대들어도 처음 마음 그대로 한결같이 사랑할 수 있을까?

나는 많이 힘들었다. 처음 마음, 변함없는 사랑은커녕 원망하거나 증오한 적도 많다. 너무 힘든 날, 도저히 전쟁이 끝날 거 같지 않은 날에는, 내가 자녀를 낳았음을 후회한 적도 있다. 그 마음을 혹시 들킬까 두려워서 거짓으로 웃으며 아무렇지 않은 척, 억지로 참은 적도 수없이 많았다. 말 잘 듣는 남의 자녀들을 부러워했고, 내 자녀가 그들처럼 변화되기를 은근히 바라면서 답답해하기도 했고, 도대체 내가 아닌 누굴 닮은 건지 탓할 곳을 찾으며 한탄할 때도 있었다.

그러다 상담 공부를 시작했다. 아이들의 발달 단계를 차근차근 배우고, 각 사람의 성격 유형과 기질들을 임상을 통해 익히고, 나의 연약함과 부족함을 성찰하며 하나씩 이해를 토대로 인정하게 되자 그동안 안 보이는 것들이 보이기 시작했다.

나의 상처, 남편의 아픔, 자녀들의 욕구와 결핍을 속속들이 알게 되니, 굳이 설명하지 않아도 그 마음의 근원을 이해하게 되고, 내가 느껴보지 못한 마음들을 깊이 있게 깨닫게 되니 가슴속 깊이 공감할 수 있게 되었다.

진실한 사랑은 상대방에게 더 나은 모습을 막연하게 기대하거나, 눈이 멀어버린 것처럼 왜곡하거나, 내가 보고 싶은 부분만 보는 것이 아니다. 지금 있는 모습 그대로 받아들이고, 단순한 표면적인 감정이 아닌 통합된 의지와 일관된 행동으로 사랑해야 한다.

청소년을 상담하다 보면, 사춘기 자녀들과 관계가 힘든 부모들을 많이 만나게 된다. 그 이유를 깊이 살펴보다 보면, 자신이 싫어하는 모습이 자녀에게 너무 많아서 비슷하게 많이 닮아있기 때문이거나, 아니면 반대로 자신이 바라는 것과는 너무 다르고 이해가 되지 않아서임을 알게 된다. 어느 쪽이든 그 마음이 자녀가 아닌 자신으로부터 시작되는 것이다.

부모들은 묻는다. 자녀들이 왜 같은 부모 밑에서 태어나도 극과 극으로 다르냐고. 학자들의 분분한 의견에도 불구하고, 대체적으로 협의된 통념이 있다. 자녀는 50%는 유전, 50%는 부모의 양육방식에 의해 성격이 형성된다. 단순한 계산인 것 같지만 부모 둘의 유전적 공식은 상당히 복잡하다. 또한 같은 부모의 양육방식도 부모의 선행 경험과 상황, 성숙함 등에 의해 달라진다. 결국, 인정하기 싫어도 내 자녀들은 어떤 공식이든 변수이든 나의 거울이자 내 모습이다. 관계가 좋은 것도 힘든 것도 나로부터 시작된다는 것을 인정하고 자녀의 모습을 있는 그대로 이해하고 감싸주며 의지적으로 사랑해 보자.

다른 사람들과 관계를 맺을 때,
우리는 우리도 모르게 상대와 상황에 맞추어
여러 사회적 가면을 쓰고 그에 맞게
변화하며 적응적으로 살아간다.
때론 아주 다른 모습과 태도로...
어느 모습이 진짜일까?

모든 모습이 진짜이며 의미가 있다.
하지만 가끔은 가까운 사람에게
진지하게 물어볼 필요가 있다.
나에 대해 객관적인 시각을 가지기가
상당히 어렵기 때문이다.
내가 아는 내가 왜곡되거나 미화되고,
혹은 거짓되거나 비하되어 있을 수도 있다.

나에 대해 다른 사람의 의견을 물을 때,
게임이나 심리검사를 활용해 보는 것도 좋다.
남들이 아는 내 모습이 내가 생각하는 바와 비슷한지,
내가 모르는 나에 대해 남들이 알고 있는 것은 무엇인지,
나에 대해 모르고 있는 것은 어떤 것들인지,
나다움에 대해 인정하면서 어떤 방향으로
노력할 것인지 고민한다면 한층 더 성장할 것이다.

자신에게 솔직하기

내가 나의 빛과 어두움 모두를 있는 그대로
존중할 때, 타인 그대로를 이해하게 된다.
내가 나의 상처와 아픔 모두를 있는 그대로
수용할 때, 타인 그대로를 존중하게 된다.
내가 내 생각과 감정 모두를 있는 그대로
이해할 때, 타인 그대로를 배려하게 된다.
타인과의 진실한 관계는
결국 나로부터 시작되기 때문이다.

타인에게 솔직하기

우리는 사회적 관계를 맺으며 살아간다.
건강한 관계는 타인의 눈치를 보며
거절하지도 못하고, 맞춰주는 것이 아니다.
내 생각과 의지를 솔직하게 전달해야 한다.
내 삶의 주인공은 바로 나이며,
타인의 삶에 내가 주인공이 되려고 해서도,
타인이 내 삶의 주인공이 되어서도 안 되는 것이다.

상황에 솔직하기

삶에서 스트레스는 피할 수 없다.
스트레스 자체는 나쁜 것이 아니며,
잘 관리하고 다루면 삶에 긍정적 영향을 끼친다.
스트레스를 무작정 없애거나 피하려 하기보다
지금의 상황과 스트레스 요인을 분석하고,
내가 할 수 있는 것에 집중하고
할 수 없는 것은 솔직하게 인정하고
포기하거나 도움을 요청해도 괜찮다.

생각해보기

✏️ 다음을 고민해서 적어보세요.

- 나도 알고 남도 아는 나

- 남들은 알지만 나는 모르는 나

- 나는 알고 있지만 남들은 모르는 나

✏️ 다음을 고민해서 적어보세요.

- 가장 잘 알려진 나의 성격은?

- 남들이 모르는 나의 성격은?

- 내가 가지고 싶은 성격은?

PART 12

세상에 믿을 사람 아무도 없다

사랑은 언제나 오래 참고
사랑은 언제나 온유하며
사랑은 시기하지 않으며
자랑도 교만도 아니하며
사랑은 무례히 행치 않고
자기의 유익을 구하지 않고
사랑은 성내지 아니하며
진리와 함께 기뻐하네
사랑은 모든 걸 감싸주고
바라고 믿고 참아내며
사랑은 영원토록 변함없네

노래 *사랑은 언제나 오래 참고* 중에서

자녀들이 어렸을 때는...

　혹시라도 아프거나 다칠까 봐 걱정하고, 사춘기 때는 잘못된 길로 빠지거나 학업을 포기할까 봐 근심하고, 성인이 되어서는 자신들의 인생을 스스로 책임지며 살아가지 못할까 봐 염려한다. 걱정과 근심 속에 자녀들은 자신만의 지도와 나침반을 가지고 여러 번 헤매기도 하고 부딪히기도 하면서 자신의 길을 개척해 나간다.

　어린 나이에 준비도 안 된 상태에서 임신을 하고 엄마가 되었을 때 내가 가장 먼저 배우고 익힌 사랑은 다름 아닌 고통과 인내였다. 처음 겪는 입덧으로 오랜 시간 아무것도 못 먹고, 걷다가 주저앉을 정도로 배를 차대고 막달에는 누워있기도 힘들고 잠을 못 자도 귀한 생명이 내 안에 있음에 신기해하며 견뎠다. 말로 형용할 수 없는 출산의 고통은 곧 만날 생명에 대한 기다림으로 견뎌냈다. 편히 잘 수도, 먹을 수도 없이 갓난아이에게 멈춰버린 24시간이 너무도 답답하고 무기력했지만 가끔씩 지어주는 웃음과 쑥쑥 커가는 모습에 하루하루 버텨낼 수 있었다. 그렇게 나는 고통 속에 인내라는 사랑을 배웠다.

　어린 자녀들을 키우며 내가 깨닫고 행한 사랑은 헌신과 믿음이었다. 누가 뭐라 해도 자신들을 가장 귀하게 여기고 소중히 아껴줄 사람, 이 세상 무엇보다 자신들을 사랑해 줄 사람, 항상 곁에서 자신들의 요구와 필요를 채워줄 사람, 그 사람이 바로 엄마라는 것을 아이들이 믿을 수 있도록 헌신했다.

사춘기의 극심한 반항과 방황 속에도 아이들이 언제나 돌아올 수 있는 보금자리가 되어 주기로, 세상에 믿을 사람 아무도 없다고 느낄 때 엄마만큼은 자신을 믿어줄 것이라 생각하게끔 든든하고 의지할 수 있는 존재가 되기 위해 하루하루 노력했다. 그렇게 나는 헌신과 믿음이라는 사랑을 깨닫고 실천할 수 있게 되었다.

　성인이 된 자녀와 동행하며 내가 느끼고 누리는 사랑은 용기와 소망이다. 가보지 않은 길을 가고, 예상하지 못한 난관을 만나고, 고난이라는 삶의 파도가 밀려오는 인생을 살면서 실패도 하고 좌절도 할 것이다. 하지만 다시 또 일어날 수 있는 힘을 가진 멋진 어른으로 성장해 나갈 것을 소망하며 용기 내어 기다린다. 자녀들이 그들의 날개를 활짝 펴고 자율적이고 독립적인 삶을 의미 있게 살아가기를 바라고 소망하는 것. 그렇게 아이들이 힘차게 날아가서 자신만의 둥지를 지으면, 나는 부모로서 배우고 깨닫고 행할 수 있는 사랑을 어느 정도 이루었다고 용기내어 말할 수 있을 것 같다. 그날이 올 때까지 함께 하는 매 순간을 감사하고 즐거워하며 변함없이 견디고 소망하며 기다릴 것이다.

　나는 완벽한 엄마이고 싶었다. 하지만 그럴 수 없음을 깨닫고 나니 허전함, 억울함을 거쳐 어느 정도의 자유로움을 느끼게 되었다. 그리고 나 자신에게 조금 더 집중해 보기로 방향을 바꾸었다. 완벽한 엄마가 아닌 괜찮은 사람, 성숙해지고 있는 사람, 행복해지기를 선택한 사람으로 눈을 돌리기로 한 것이다. 아이러니하게도, 내가 더 나를 사랑하고 보듬고 행복할수록 더 괜찮은 엄마가 되어간다.

사람은 믿을 수 있는 존재가 아니다.
나도 나 자신을 적절히 통제하고
일관되게 유지하는 것이 불가능한데,
어떻게 알지도 못하는 타인을 믿겠는가?
"너 없이는 못 살아!"가 "너 때문에 못살아!"라며
미워하고 헤어지는 건 그리 놀라운 일이 아니다.

사랑했던 때도, 미워했던 때도
그것이 진심이고 사실이다.
사람은 상황과 환경에서 쉽게 변하고 굴복한다.
그렇다면 아무도 믿지 말고 의심하며 살아야 할까?
아니면 그래도 혹시나 하고 계속 믿어주고
역시나 하며 계속 실망해야 하는가?

내가 선택한 믿음에 관한 답은
믿음도 의지라는 것이다.
변하지 않을 것이라고 믿는 것이 아니라
변할 것을 알고 있음에도 믿어 주는 것.
거짓말을 하지 않을 것이라고 믿는 것이 아니라
거짓말을 할 것을 알고 있음에도 믿어주는 것.
어제보다는 나은 내일을 소망하고 믿고 기다리는 것.
그것이 진정한 사랑이 아닐까 싶다.

의심하지 말기

우리는 무엇을 의심할까?
보통 자녀의 행동이나 말을 의심한다.
그렇다면 의심을 해서 얻는 것이 무엇일까?
의심은 불신을 낳고 불신은 자녀에게
변명과 핑계를 만들어 내게 한다.
의심될 때는 솔직하게 물어보는 것이 좋다.
비난하며 추궁하거나 따지듯이 캐묻지 말고
그 대답에 의심이 가더라도 의지적으로 믿어주자.

실망하지 말기

우리는 무엇을 실망할까?
보통 기대만큼 자녀가 따르지 못할 때 실망한다.
그렇다면 실망을 해서 얻는 것이 무엇일까?
실망은 좌절을 낳고 좌절은 자녀에게
무기력과 우울감을 생기게 한다.
실망이 몰려올 때는 그 실망이 누구로부터
비롯되는 것인지 돌아보아야 한다.
기대와 욕심을 구분하는 것부터 시작하자.

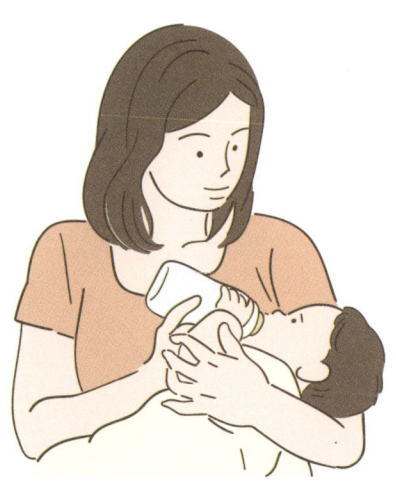

소망하며 기다리기

우리는 무엇을 소망할까?
적어도 나는 자녀의 행복한 삶,
목적이 있는 삶, 건강하고 독립적인 삶.
그 삶을 멋지게 살아가길 소망한다.
나는 내 부모의 소망대로 살고 있을까?
내 자녀에게 바라는 대로 내가 먼저 살아보자.
적어도 나의 부모는 아직까지도
간절히 소망하며 기다리고 계실 테니까...

생각해보기

 다음을 고민해서 적어보세요.

- 믿고 싶다... 하지만

- 믿었다... 그러나

- 믿어준다... 그래서

 다음을 고민해서 적어보세요.

- 의심이 들 때 어떻게 하는가?

- 실망이 들 때 어떻게 하는가?

- 무엇을 소망하는가?

난 완벽한
엄마가 되고싶었다

- 발 행 일   2024년 4월
- 저   자   소 윤 미
- 발 행 처   조이학습심리상담
- 펴 낸 곳   조 이 북 스
- 정   가   15,000원
- 본 저자의 승인없이 내용의 일부 혹은 전부를 전제할 수 없습니다.